18 rue Barbès, 92120 Montrouge
ISBN : 978-2-7470-3633-7
Dépôt légal : mai 2011
Loi 49-956 du 16 juillet 1949 sur les publications
destinées à la jeunesse

Imprimé en septembre 2019 par Pollina - 90973 A

LAURENCE GILLOT

LUCIE DURBIANO

LES SUPER SUPER

SEMEURS D'ÉNIGMES

BD KIDS

SEMEURS D'ÉNIGMES

LES SUPER SUPER

LES POISSONS MYSTÈRE

20000 LIEUES SOUS LES MERS
8
OUIIINN !!!
POPOL, IMMEUBLE 20000 LIEUES SOUS LES MERS, 8, RUE JULES VERNE.
OUIIINNN !!!
OUIIINN !!!
3e ÉTAGE, GAUCHE.
ON FAIT COMME D'HAB !
OUAIS, À C'TE NUIT, AGLAGLA !

HOULA HOULA HOP HOP HOP !!!

TOUJOURS PRÊTS
À RENDRE SERVICE À LA JUSTICE !

ALLEZ, AU BOULOT !
J'AI LES CLÉS DE L'ANIMALERIE, MAIS SI MON PÈRE NOUS ENTEND, ON EST FOUTUS !
À LA CHOUETTE SOURIS
SUIS-MOI, ON VA PASSER PAR LA PORTE DE DERRIÈRE !
FAUT SURTOUT PAS ALLUMER À CAUSE DES PERRUCHES.
POURQUOI ?
PARCE QU'ELLES VONT SE METTRE À PIAILLER COMME DES CINGLÉES !
ET MES PARENTS DORMENT JUSTE AU-DESSUS !
C'EST QUOI LÀ-DEDANS ?
BAS LES PAPATTES, C'EST DES MYGALES !
BRRR !
ET LÀ-DEDANS ?
VIPÈRE DU DÉSERT, MA CHÈRE !
JUJU, J'AI LA PÉTOCHE !
AH !
BADAM !!!

LA LUMIÈRE !
MON PÈRE !
MIAOU, MIAOU !
AH, C'EST TOI CHACHA !
MIAOU
MARRE, DE CE FOUTU CHAT !
OUF ! ON A EU CHAUD !
FAUT RANGER TOUT ÇA !
FAIS-LE, TOI ! MOI JE FAIS LE GUET.
BEN VOYONS !
MIAAAAOOOOUUU
PFFF ! T'ES BÊTE !
MIAAAAOOOOU !
ARRÊTE !
VITE, FILONS, J'AI LES POISSONS !
TOUT ÇA ?
ON EST DES SUPER HÉROS, NON ?!!
ÇA C'EST SÛR !
8
T'AS PRIS LES PUNAISES ?
SUPER JUJU A TOUJOURS SA SUPER BANANE !
SUPER !
ALLONS-Y !
GROUILLE-TOI, T'ES LOURDE !
C'EST BON, J'Y SUIS PRESQUE !

ARRÊTE DE FAIRE SEMBLANT DE GROGNER T'ES PAS DRÔLE !
C'EST PAS MOI !
GRRRR !!!
AGLAGLA, DESCENDS, ON DISPARAÎT !!!
GRRRR
GRRRR
GRRRRR !!!
LA FERME, REX !
T'AS EU PEUR, TOI ?
MÊME PAS, ET TOI ?
PAS DU TOUT !
ET C'EST QUI QUI SERA HEUREUX DEMAIN ?
C'EST POPOL !
CHALUUUUT !
CHAAAALUT !
?
?
LES POIPOI...
...SSONS SSONS !
C'EST QUI QUI... ?
SÛREMENT LA MÈRE DE POPOL.
FAUT PAS QUE MON PÈRE VOIE ÇA !

PAS DE PANIQUE ! ON VA TOUS LES METTRE LÀ-DEDANS !
CHOUETTE, UN GOÛTER !
PETITS, PETITS !
CROUNCH !
ÇA Y EST, JE LES AI TOUS EUS ! MERCI POUR TON AIDE !
IL ÉTAIT BON MON GOÛTER ?
EUH... OUI...
ET MAINTENANT, ON FAIT QUOI ?
ON VA À L'ÉCOLE, C'EST L'HEURE !
OH LÀ LÀ, ÇA FUIT !
ZUT !
REGARDE, QUI JE VOIS LÀ-BAS !
MAIS C'EST NOTRE POPOL !
REGARDEZ CE QU'ON A TROUVÉ DANS LA FONTAINE !
ON LES DONNE !
OH, MAMAN, J'EN VEUX UN !!!
JE T'AI DÉJÀ DIT NON, POPOL !!
TIENS, MON PETIT, ILS SONT TOUS À TOI !
MAIS ...
OUAIS !!!
MAIS ENFIN ! JE... VOUS... REVENEZ ICI !
NON, NON, NE NOUS REMERCIEZ PAS...
ÇA NOUS FAIT TELLEMENT PLAISIR !
OUINNN !
ON A ÉTÉ EXCELLENTS !
MEILLEURS TU MEURS !

LES SUPER SUPER

BONNE ANNÉE, MONSIEUR MOINEAU !

Tu penses encore à monsieur Moineau, Aglaé ?
Oui ! Et tu sais ce que je me dis, Juju ?

Parle moins fort, on va nous entendre.

On pourrait... Psss psss psss...

La nuit venue...

HOULA HOULA HOP HOP HOP !!!
AGLAÉ ET JUJU, TOUJOURS PRÊTS...
...À RENDRE SERVICE !

Alors, t'as passé un bon réveillon ?
Miam... Y'avait du foie gras ! Et toi ?

Nous, on a dansé dans le salon !
Cool... Allez, montre les tracts !

J'en ai écrit 50 !
T'es trop forte ! Y'a plus qu'à les distribuer !
Passez voir le monsieur qui habite 25, rue principale, ce matin le 1er janvier à 11 heures.
Parce qu'il est tout seul et qu'à Noël il était tout seul aussi.

Tiens ! Allez, on y va ! Ça caille !

BOULANGERIE
Et hop!

25

OUPS!!!
Qu'est-ce que t'as?

?
J'ai fait un truc qu'il ne fallait pas.

Regarde, Juju!
Ben quoi?
Christian Martino
DENTISTE
SUR RENDEZ-VOUS
C.M 1er étage
DENTISTE
Rez-de-chaussée
Christian Martino
DENTISTE
C.M

J'ai mis un tract dans la boîte de monsieur Moineau.
Et alors?
C.M

S'il lit le tract, ce ne sera plus une surprise pour lui!
Ah, oui!
CM

T'arrives à l'attraper?
Yes! Je l'ai!
25
CM

25
CM

Juju, ch'uis coincée!
Aïe!
CM

♪ BONNNNE ANNN... ♫
25

NÉÉÉÉE À TOUTE…
Vite, sortons nos sacs-poubelle d'invisibilité.
Oh nooon… Y'a du monde là-bas !

…LA TERRE ! BONNE ANN…
Mais Juju, je suis coincéééée !
Je vais t'aider à te cacher.

…NÉÉÉ AU MONDE…
PROUUUT
Je ne le sens pas du tout, du tout !
Ça va aller, tu vas grimper sur moi.

ENTIIIER !
POIL AU PIED !
Ça y est, j'ai réussi à décoincer ma main.
Trop tard pour bouger, on reste comme ça.

Eh, regardez les sacs-poubelle ! Ils respirent.
BOOONNNE ANNN…

WOUARF WOUARF
Eh Nanard, tu vois combien de sacs : 2 ou 4 ?!!
Je vous jure qu'ils bougent.
Eh les copains, ça vous dirait de jouer au foot ?
Ouais, comme ça, les sacs de Nanard, ils bougeront pour de vrai !
Faut faire quelque chose.
Juju, on y va !

Ça alors !
BONNE ANNÉÉÉE !

Qu'est-ce que c'est que cette embrouille ?

Regardez !

On va y aller ?
C'est tôt, 11h !
T'as eu peur ?
Moi, peur ?!

À tout à l'heure !
Ouais, bonne nuit, Juju !

À 11h du matin.
Salut, Aglagla, on va chez notre Moineau ?
Ouais, il va être content !

RIE
23
25
T'as vu tout ce monde !
C'est grâce à nous !

Vous aussi vous avez reçu le mot ?
Y'a personne.
Il est peut-être mort.
Faut appeler les pompiers.
Pauvre monsieur.
Crotte d'orang-outang, il est pas là.

BOULANGERIE
Le voilà !
Il a notre tract à la main.

C'est ici, le monsieur tout seul ?
Oui, mais il n'y a personne.
J'y comprends rien.

C'est normal qu'il n'y ait personne.
Pourquoi ?

Parce que c'est mon dentiste qui habite là !

Et hier soir quand je suis allé me faire soigner, il m'a dit qu'il partait dans sa famille.

Quand j'ai trouvé ce tract dans ma boîte, je me suis dit qu'il y avait un couac !
Ceux qui l'on fait ont dû se tromper.
Ben oui, ça arrive de se tromper.

Eh bien, moi, je vais quand même manger mes bonbons.
Et moi, mes galettes !

BONNE ANNÉE !
Moi, j'avais apporté ça. Vous en voulez ?
Et moi ça.

Dire que, moi aussi, je devais être tout seul aujourd'hui !
Bonne année !
Bonne santé !
La santé, surtout !

25
Regarde qui voilà !
Nanard et ses amis ! Oh, là, là !

25
BONNE ANNÉE !!!

Et maintenant applaudissons ...
...Les mystérieux inconnus...
...Qui ont écrit ce tract !

Qui cela peut-il bien être ?
Je ne sais pas, mais c'est super !
Ah oui, alors ! C'est super, super !
CLAP CLAP
CLAP
CLAP
WOUAF WOUAF
CLAP CLAP

Super Juju, on a encore été bons sur ce coup-là !
Meilleurs, tu meurs !

LES
SUPER SUPER

VENGEANCE !

Dimitri et Zoé, vos dictées sont lamentables ! Vous avez moins que zéro !

Allez montrer vos cahiers au directeur !

Vous criez trop fort, donnez-moi ce ballon immédiatement !

PFFF !

Allez, Julien, secoue-toi un peu !

Y'a trop de bazar ! Rangez vos affaires de dessin. On va faire des multiplications.

OH NOOON !!!

Madame Rolin, pourquoi vous n'êtes pas gentille avec nous ?
Quoi?!!
JACINTHE, TU ME COPIERAS CENT FOIS POUR DEMAIN : « JE NE SUIS PAS IMPERTINENTE AVEC LA REMPLAÇANTE DE MA MAÎTRESSE. »
Vipère !
C'est courageux ce que t'as dit, Jacinthe !
Elle est trop méchante et idiote ! Grrr !
T'as été super !
Elle revient quand, notre vraie maîtresse ?
Ça ne peut plus durer !
Ouais, on va venger toute la classe !
On pourrait... Pss pss pss pss...
Eh... Eh... Super !
e Citron
BOU
À tout', mon Juju !
Je m'occupe du matériel !

AGLAÉ ET
JUJU
TOUJOURS
PRÊTS
À RENDRE LA JUSTICE !

ECOLE
T'as pensé à ce qu'on va marquer ?
On va simplement écrire la vérité.

Ba-veu-se. Et toc !
T'es gentil avec elle, moi je trouve.
madame Rolin est une crapaude ba

Ouh ouh ouh !
Et vlan, dans la poire !

Et si on écrivait : « Rolin gros boudin ! »

« Rolin gros crottin », ce serait pas plus méchant ?!!
Ouais, t'as raison !

Très bien, ton « prout prout » !
Hi hi hi !
Rolin gros crottin prout prout !

On la reconnaît ?
Fais-lui un nez de cochon !

C'est mieux comme ça ?
Là, c'est bien elle ! Hi Hi !

On a fait fort !
Ouais, on peut être fiers de nous !
madame Rolin est une crapaude baveuse
truie truie
t'es super moche!
on t'aime pas!
trop nulle
Rolin guenon
beurk beurk beurk!
Vipère poilue
Pintade sans cervelle!
Rolin gros crottin prout prout!
méchante grave
groin groin

Vivement 8h30, qu'on rigole !
Oh oui, j'ai hâte de voir sa tête !

Chalut!
C'est la première fois que je suis pressé d'aller à l'école!
Eh?!!
Madame Rolin, c'est une vraie déclaration d'amour!
Oh oui monsieur le directeur, moi aussi, je les aime mes élèves!
Zut, la pluie a tout effacé!
Tout, sauf ce qui était sous le bord du toit.
madame Rolin t'es super on t'aime trop
Quel est le fayot qui a écrit ça?
Ce qui est sûr, c'est que c'est pas moi.
Bonjour, les enfants! Comment allez-vous?
Qu'est-ce qu'il lui prend ?
C'est le message sur le trottoir ...
Elle croit qu'on l'aime, ça l'a rendue gentille!
Euh... Madame, voici ma punition!
Excuse-moi, Jacinthe, j'étais de méchante humeur ces jours derniers.
Et puis, vous êtes ma première classe! Je débute!
OUAiiiS!
Pour me faire pardonner, demain, nous fêterons le carnaval!
OUAiiiS!
GÉNIAL!

Vous êtes déguisés en quoi exactement?
En super nuages!
Bravo, Aglaë et Julien, vos déguisements sont vraiment très originaux!
Aaah, attention, je pleus!
Mais! Mais!
Oh, moi aussi!
Une fleur, ça a besoin d'eau pour pousser, madame!
Ha, ha, ha! Vous êtes tous des super enfants!
Ce coup-là, on a quand même eu un super super coup de pot!
Un super super coup de pluie, tu veux dire!

LES SUPER SUPER

VOMICA BEURKITE

Il est hors de question qu'on aille chez elle !

Imagine un peu qu'elle ait une vomica beurkite !

Où une pustulite gratouillum !

Coupe Citron
Oh là là, qu'est-ce qu'on va faire de ses devoirs ?
Dans la boîte aux lettres et hop !

Zut, le croissant ne rentre pas !
Tant pis, che le mancherai !
Bonjour, les enfants !

Oh, bonjour Madame Bulot ! On apportait justement ses devoirs à Niquita !
Et un croissant.
Eh bien, montez ! Ma fille sera ravie de vous voir.

C'est que... On... On peut pas !
On a... Euh... rendez-vous chez le dentiste tous les deux.
Eh bien, merci pour Niquita et à bientôt !

Ouf !
On pourrait quand-même lui faire une surprise à Niquita pour son anniversaire.

Coupe Citr
Bonne idée ! Mais de loin, à cause des microbes.

Juju, écoute-moi... psss... psss... psss...
Génial !

Coupe Citron

Aglaé et Juju
toujours prêts
À faire des surprises !

Coupe Citron
Chut ! Suis-moi, faut réveiller personne !

Aide-moi, Juju ! Je pédale dans la choucroute !

Coucou !

On est bien ici ! On a une belle vue.
J'aime trop la nuit !

C'est chez Niquita, je reconnais ses trois vasistas !
Alors au boulot !

Quand Niquita ouvrira sa fenêtre...
... une pluie de confettis tombera partout dans sa chambre !

Allez, on rentre !
T'as raison, des fois que les microbes passent à travers le toit.

C'est toujours aussi beau, hein?
Ouais.

C'est ici! Je passe d'abord!

Crotte et zut! On s'est trompés de fenêtre.
Chut, y'a un bébé qui dort!

Il est trop mignon, ce bébé.
T'entends? Il ronfle.
PSSSiii

On l'emmène?
Ça va pas la tête?!!

Eh, je rigolais!
Et si on changeait le berceau de place?

Ha, ha, ha! Je vois d'ici la tête des parents demain!
Eh, t'es folle! Avec nos empreintes digitales, la police va nous retrouver!

Bon, on remet tout en place et on s'en va!

OUiiiiN

Grouille-toi!
OUiiiiN

J'arrive, mon Zouloulou!

OUIIIN
Maman va te donner du sirop !
Ouf!
Chut!

Cette fois, c'est celle-là, notre fenêtre!
T'es sûre? Imagine qu'on arrive encore chez quelqu'un d'autre !
On est fous d'être entrés chez ce bébé, non ?
Ouais, c'était une de mes nuits préférées.

Le matin...
'Jour, Aglagla ! J'aimerais bien être là quand Niquita ouvrira son vasistas.
À mon avis, à l'heure qu'il est, elle dort encore.

Des fois, ça peut être chouette d'être malade.
Si tu veux des microbes, t'as qu'à lui apporter ses devoirs ce soir.

Oh, tu vois ce que je vois ?
Ça alors !

Niquita, t'as que ça comme maladie ?
Que ça !!! J'ai une fracture et, en plus, une tendinite !
Oh, un confetti !

Ben oui, c'est mon anniversaire aujourd'hui et je crois bien que mon idiot de frère est venu piéger ma fenêtre de toit. Il a mis des confettis dessus.

Hé, hé ! C'est vrai qu'il est un peu bête, ton frère !
Hé, hé ! Bon anniversaire, Niquita !
Merci !

Qu'est ce qui va se passer quand Niquita apprendra que ce n'est pas son frère ?
Ça sera le mystère des confettis.
Et moi, ça me plaît bien qu'elle ne comprenne jamais le mystère des confettis.
On s'achète un goûter ?
Et quinze centimes qui font un euro ! Bonne journée, madame.
OUiiiN
Mais oui mon Zouloulou ! On va rentrer à la maison
OUiiiN
Regarde, c'est notre bébé.
Il est fatigué ce pauvre Zouloulou.
Oui, il a une méchante gastro-entérite qui ne passe pas.
OUiiiN
Ouh, là, là, c'est contagieux, ça ! Comme toutes les maladies en "ite" !
Et pour vous ? Qu'est-ce que ça sera ?
Euhhh, je me sens pas très bien tout à coup !
Moi non plus... On est désolés.
Maintenant, on va être super super malades !
Oui, mais on pourra faire des super super grasses matinées !

LES SUPER SUPER

Drôles de zèbres

HOULA HOULA
HOP HOP HOP !
AGLAÉ ET JUJU,
TOUJOURS PRÊTS
À RENDRE SERVICE !

J'espère que ton père ne m'a pas vu !
T'inquiète, il était très pressé. Il partait sur un feu.

C'est le matériel pour notre mission de cette nuit !
Alors, allons-y ! C'est parti mon Juju !

On va regarder l'incendie ? C'est sur notre chemin.
D'ac, Juju !

WAAAOUH !
Brr... Moi, le feu, ça me fait peur !

Regarde le pompier en haut de l'échelle! Il a un enfant dans les bras!
Oh là là!

Juju, le gamin, il a lâché quelque chose!
J'ai vu, c'est son nounours!

Il est tombé dans l'arbre!

Viens, on va le chercher!
T'es dingo ou quoi?

Viiite, si on se dépêche, personne ne nous verra!

Il est tout là haut!
D'ici on voit encore mieux les pompiers!
Aglaé, regarde!

Son maître est parti en le laissant là !
iiik iiik
C'est dégoûtant de faire ça !
Pauvre bête !
Il faut faire quelque chose !
Passons par là !
Dépêchons-nous, avant que tout brûle !
OUF !
Du calme, toutou ! On n'est pas là pour rigoler !
À toi, Aglagla !
Aaaah ! Y'a une bestiole qui m'a sauté dessus !
Pas de panique ! C'est le nounours qu'on est venus chercher.
Un, deux et...
TROOOIIIIS

Qu'est-ce qu'on fait maintenant ?
On va descendre le chien à l'aide des cordes.

T'inquiète pas, coco, on va te sortir de là !
Je ne le sens pas du tout !

Lâche de la corde, Aglagla !

Ouf, ça y est, il est parti en courant !
Oh ! Regardez ! Y'a deux enfants, là-bas, sur le balcon !

Mon père ! Faut pas qu'il sache qu'on est des super super !
Cachons-nous dans nos couvertures !

Venez, les enfants, dépêchez-vous !

Où sont tes parents ?
T'as perdu ta langue ?
Il est beau ton nounours !

Maintenant, vous êtes en sécurité ! Vous pouvez retirer vos couvertures.
MAMAAAN !!

Drôles de zèbres, ces deux-là !

Bravo, Juju ! On a eu super chaud !
Oui, mais on a fait du super super boulot !

Et la mission qu'on devait accomplir ?
On la reporte à la nuit prochaine, y'a pas le feu, hi hi !

«... Immeuble en flammes... Grâce à un chien, les pompiers ont pu sauver un vieux monsieur sourd, profondément endormi dans une chambre enfumée...»

«Et pour finir, un peu d'humour : Le jeune Raphaël, trois ans, actuellement hospitalisé, affirme avoir vu "deux zèbres" emporter son doudou...»

LES SUPER SUPER

Aaaah, la piscine ! Ça me rappelle mon vieux copain Bébert !

À l'époque, Bébert et moi, on adorait semer des énigmes !
Semer des énigmes ?
Cha veut dire quoi ?

Qu'est-ce qu'on a pu rigoler ! On a fait des choses mystérieuses que personne ne pouvait comprendre !
Quoi, par exemple ?

...Ben une nuit avec Bébert, on est entrés dans une piscine et...

Le lendemain, toutes les radios en parlaient ! HA HA HA !
Hi Hi, Hi !
C'est génialissime !

Ah, c'était le bon temps ! J'aimerais bien savoir ce que Bébert est devenu.
Ça doit faire... 50 ans que je ne l'ai pas vu.

Maintenant, je ne m'amuse plus du tout. Je suis trop vieux...

Juju, faut qu'on aide mon pauvre pépé à semer une nouvelle énigme.
Moi, j'adorerais faire ce qu'il nous a raconté !

Si on faisait ça cette nuit ? Et on emmène pépé Dédé avec nous !
Oui, mais pour ça, faudra lui dire notre secret...

T'inquiète... J'suis sûre qu'il ne dira rien à personne. Il sera même content.
J'ai une idée ! Cette nuit, on dort chez lui et...

Bon, j'organise tout ça ! Je téléphone à pépé qui téléphonera à ma mère qui téléphonera à ta mère... Et la nuit sera à nous !
Ok, petit poulet ! Moi, je prépare le matériel !

Voilà, pépé, on t'a tout dit !
Oooh, il me plaît bien, votre secret !

Alors, t'es d'accord pour cette nuit ?
J'adorerais venir avec vous, les enfants, mais je n'arrive pas à marcher plus de 20 mètres !
Ne vous inquiétez pas, on vous aidera !

Oooup hop hop ! Aglaé et Juju, toujours prêts...

... pour pépé Dédé !

C'est notre rituel !
Vous êtes des super zinzins !

Allez, c'est parti !
Eh, faut pas oublier le nain !

Oooh ! Ouh ouh ouh !

PISCINE MUNICIPALE
Tu te souviens du code ?
Oui, super Juju !

Sésame, ouvre-toi !

Les petits morveux sont rentrés les doigts dans le nez !

C'est beau, une piscine la nuit !

Ça me rappelle quand j'étais semeur d'énigmes avec Bébert. On opérait presque toujours la nuit...

Tout le monde à bord, on va semer notre énigme !
À toi l'honneur, pépé !

OHÉ OHÉ MATELOOOT MATELOT NAVIIIGUE SUR LES FLOOOTS !!!

Ça y est, on est au milieu du bassin !
On va pouvoir lâcher la bête !

VAS-Y, PÉPÉ, VAS-Y, PÉPÉ, VAS-Y !!!
Héhé !

PLOUF

Voilà, l'énigme est semée ! Demain on va bien rigoler !

C'est une nuit formidable ! Merci, les enfants !
Juju, t'entends ?
Quoi ?

T'entends pas ?!! Ça fait pschiiit !
PSCHIIIII

Cet été, le bateau a été attaqué par des oursins !
Qu'est-ce qui se passe ?
Rien, on coule !

On s'enfonce de plus en plus !
On n'avance plus !
Quelle nuit, les enfants !!! C'est mieux que de dormir !

AAAAAH !

Pépé ! Pépé ! Il est où ?
Je plonge !

Allez, les amis, c'est l'heure de ramener pépé Dédé en brouette !
Vivement qu'on ait des nouvelles de notre nain debout !
Personne ne va rien y comprendre !

Ron...
Pshiii...

TOC TOC !

Nous sommes bien chez André Moine ?
Euh... Oui... Mais il dort.

Pépé ! Pépééé ! T'as de la visite !

Bé... Bébert ?!! C'est toi ?

Ça fait combien de temps qu'on s'est pas vus ?
Plus de 50 ans !

Depuis ce matin, la radio parle d'un nain debout retrouvé au fond d'une piscine et je me suis dit : « Ça, c'est signé Dédé. C'est pas possible autrement ! »
Alors, j'ai demandé à ma fille de retrouver ton adresse sur son ordinateur. Et elle m'a emmené !

Bébert... Qu'est-ce que tu fais la nuit prochaine ?

Si on refaisait le coup de semer l'énigme au zoo ?
C'est que... Je marche pas bien...

Euh... Nous, la nuit prochaine, on est super là !
Et y'a deux super brouettes dans le jardin !
FIN

LES SUPER SUPER

SUPER SUPER CONTRÔLES

Samedi, vous êtes tous invités à mon anniversaire, mais ma mère a dit qu'elle annulerait ma fête si je ramenais encore une sale note!

Ça c'est vache!

Le problème, c'est que je suis archi-nul en problèmes!

Et la maîtresse corrige plus vite que son ombre!

Vendredi, c'est sûr, on aura nos notes...

... Et nos cahiers à faire signer!

J'adore les anniversaires de Yanou. Sa mère fait des méga bons gâteaux à la crème !
Et surtout, chez Yanou, on danse ! Ça, c'est génial !
Super Juju, faut aider notre Yanou à avoir la moyenne !
Moi, j'ai une idée ! On pourrait... psss psss...

À cette nuit !
Yes !

Houla houla hop hop hop !
Toujours prêts...
...À sauver un anniversaire !

ECOLE

Ouf, la fenêtre est entrouverte !
Fais-moi la courte échelle !

Je vois la pochette, viens, Juju !

C'est trop bizarre d'être là à cette heure-ci !
Moi, je préfère être ici la nuit que le jour !

Ohhh, c'est trop tentant ! Viens, Juju !

Et hop ! Hop ! Hop !

YAHOOOOU !!!
Et rehop sur la table de Jacinthe !

JE VOOOOLE !

Bon, on n'est pas venus pour rigoler !
T'as raison Aglagla, au boulot !

Piquons un énoncé de maths pour notre Yanou !

Juju, je ne trouve pas l'énoncé de maths !
Y'a grammaire, histoire, sciences, mais pas maths !
Crotte d'ornithorynque femelle !

Eh, qu'est-ce que tu fais ?
Ben, je cherche dans le tiroir de la maîtresse !

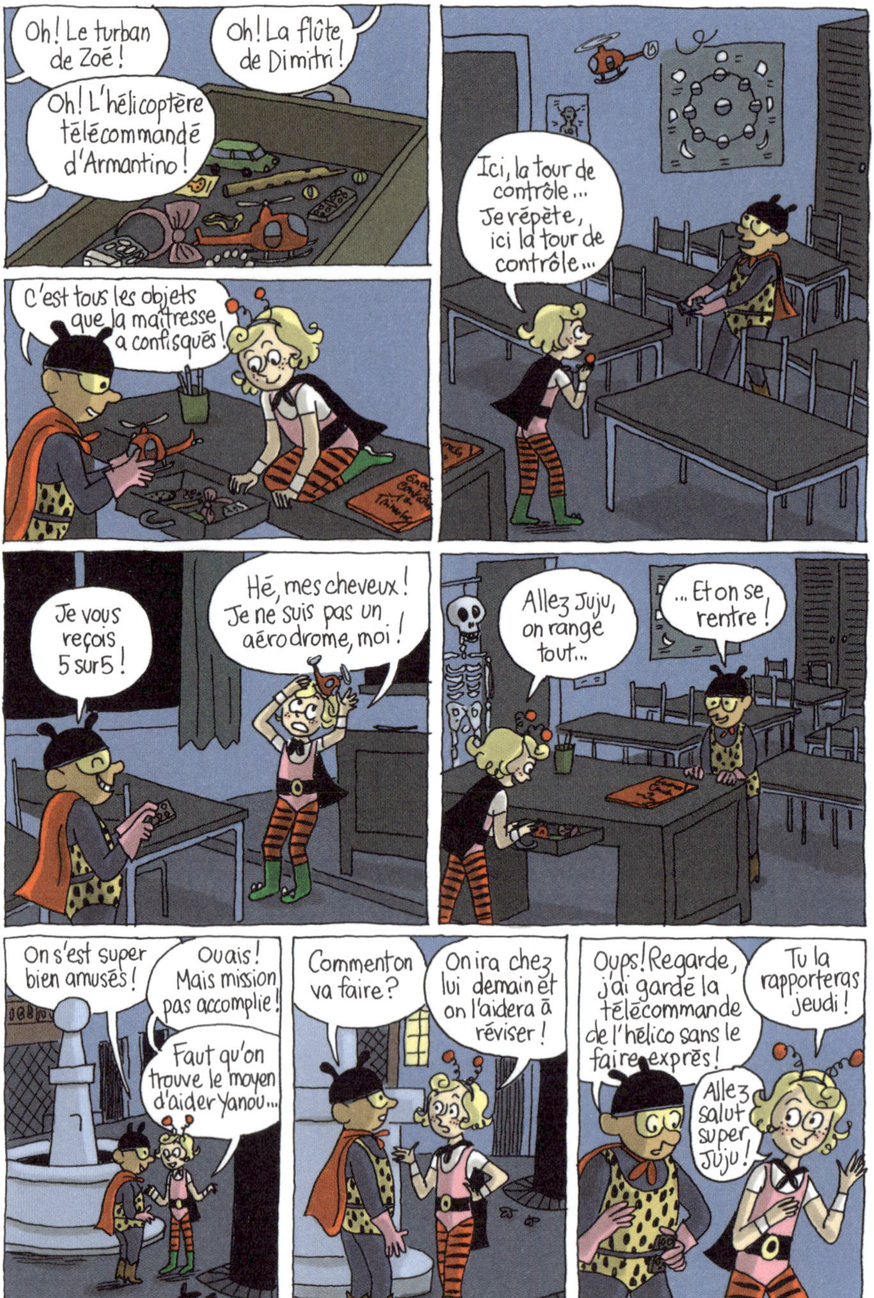

Oh! Le turban de Zoé!
Oh! La flûte de Dimitri!
Oh! L'hélicoptère télécommandé d'Armantino!

C'est tous les objets que la maîtresse a confisqués!

Je vous reçois 5 sur 5!
Hé, mes cheveux! Je ne suis pas un aérodrome, moi!

Yanou, imagine que tu as 4 poches et 3 billets de 10 euros dans chaque poche...
C'est même pas la peine d'y penser, ça n'arrivera jamais !
EPICERIE
PFFFF ! J'ai l'impression qu'il n'a compris que couic ! Adieu le gâteau à la crème !
On va bien trouver une solution...
Vous avez jusqu'à 9 heures 30. Lisez bien l'énoncé et concentrez-vous !
Allez, c'est le moment ! Un, deux, trois !
Qu'est-ce qui se passe ?!!
VRRRR
?
C'est mon hélico !
HIHI !
AHAHAH !
OUAIS !
HÉ !
SILENCE !

Asseyez-vous ! Asseyez-vous !
Mon hélico !
T'as plus qu'à recopier !
?
Hi Hi !
Attention, madame !
L'hélico, il tombe !
Qui a la télécommande de cet engin ?
Si personne ne se dénonce, tout le monde sera puni samedi !
Oh non, pas samedi !
Madame... Euh... La télécommande est dans le tiroir. Vous me l'avez confisquée avec l'hélicoptère !
C'est à n'y rien comprendre !
Peut-être que l'hélicoptère avait envie de rentrer chez lui !
Madame, vous savez, ça arrive que la batterie se décharge d'un coup !
Bon ça suffit ! Remettez-vous au travail ! Je ramasse vos copies dans un quart d'heure !
Merci, c'est grâce à vous que j'ai eu une bonne note en maths !
Oh, on n'a pas fait grand-chose, tu sais...
Mais si ! Vous m'avez drôlement bien expliqué, mercredi matin !
La preuve : J'ai trouvé les bons résultats tout seul ! Même pas la peine de tricher !
Pfff ! Lundi y'a contrôle de grammaire et je suis nul !
Moi, c'est en sciences que je suis nulle !
Et moi en histoire !
Et si on allait chercher les énoncés de grammaire, de sciences et d'histoire cette nuit ?
Et si on révisait tous ensemble ? Ce serait super super mieux, non ?
T'as raison, on n'est pas des super super tricheurs !
FIN

LES SUPER SUPER

Fanfaronnade

J'ai la corde !
Et moi le vélo ! Allons-y !

Oup hop hop ! Aglaé et Juju, toujours prêts à rendre Rudy heureux !

Ouille, ouille, ouille !
J'ai le popotin en compote !

C'est encore loin ?
C'est là !

Salut Fanfaron ! Lui c'est super Juju et moi, je suis super Aglaé !
Tu sais, ça lui ferait le même effet si tu lui disais qu'on était Tarzan et Jane !

Allez, viens mon Fanfaron ! Viens, mon petit coco tout beau !
Nous voilà bien ! Il ne veut pas avancer !

Bon, on n'a plus qu'à rentrer chez nous, Aglaé !
Mon cher, un Super super ne renonce jamais ! Il cherche une solution !

Hého !! Ça va pas la tête !

Arrêêête ! Lâche-moi la poche tout de suite, espèce... de plouc !
Hi, hi ! Toi, je parie que t'as un bonbon dans ta poche !

C'est une barre de céréales choco-noix de coco !
Donne-la-moi ! La voilà la solution !

Tu vois, il avance, c'est génial !
Dire que tout à l'heure, faudra faire tout le chemin en sens inverse !

Ouf, on arrive !
Qui c'est qui va bientôt voir son maîmaître ? C'est Fanfaron !
T'es pas obligé de lui parler comme à un bébé !

Rudy dort, on l'entend ronfler.
Qu'est-ce qu'on fait, alors ?

On frappe à ses volets et on se cache !
Ça sent le crottin ou je rêve ?

TOC
TOC

C'est bon, Rudy s'est réveillé !
Planquons-nous !

Quel crétin ! J'ai marché dans le crottin !
T'es un vrai poète, toi ! Tu fais des rimes !

FANFARON !

Mon Fanfaron chéri !
T'es venu tout seul ?

HiHiHiHiHiHi !
Quelles retrouvailles ! comme c'est miiignon !
Fanfaron va réveiller tout le quartier s'il continue à hennir. Ça aussi, ça va être mignon !

T'as vu, là-haut, y'a des gens aux fenêtres !
Et t'as vu, là-bas, y'a la police !

Qu'est ce qui se passe, ici ?
Rien, c'est juste mon cheval qui est venu me voir !

Et il est venu tout seul ton cheval ?
Il a senti mon odeur !
Hum ! Hum !

On va s'occuper de ton cheval, et toi, tu vas retourner te coucher bien sagement.
Je ne veux pas que vous l'emmeniez !

Va-t'en, Fanfaron ! sauve-toi vite ! Rentre à la maison !

ATTENTION ! LE CANASSON S'ÉCHAPPE !

Viens par ici, toi !

Bravo ! Tu l'as attrapé ! Quelle histoire, je n'ai jamais vu ça !
Regarde, il pisse ! Manquait plus que ça !

Aaargh! Beurkkk!
Il pleut?

Dégage de là, toi! Grrr! Va faire pipi ailleurs!

HIHIHIHIHIHI
Ho du calme, le canasson!
Mais qu'est-ce qui lui prend?
ATTENTION!

Attrapons-le!

Ils sont partis!
Grouille-toi, Juju, j'en peux plus, j'ai envie de vomir!

On n'aurait jamais dû aller dans cet égout!
On n'avait pas le choix, on ne pouvait pas partir en laissant la longe du cheval!

Pfff, j'ai eu droit à un shampoing au pipi de Fanfaron!
Tu connais le proverbe? Crottin au pied: succès! Pipi aux cheveux: fâcheux!

Je suis sûre que Fanfaron va galoper comme un grand jusque chez lui!
Mission accomplie! On rentre! J'ai une douche à prendre!

Mmm... Tu sens bon!
Grosse maligne!
J'aimerais quand même bien savoir ce qu'est devenu Fanfaron.
Après l'école, on passera voir Rudy!
Il paraît que ton cheval est venu te voir cette nuit?
Ton petit frère en a parlé à l'école.
Oui, je lui manquais trop.
...Voilà... Et quand les policiers ont voulu le prendre, j'ai dit à Fanfaron de se sauver et il a galopé tout seul jusqu'à son pré! Paraît qu'il a semé les policiers! Incroyable, non?
C'était la plus belle nuit de ma vie!
Aujourd'hui, grâce à lui, je n'ai pas eu mal à la tête de la journée!
Génial!
Tu vas bientôt sortir de l'hôpital, alors!
T'as entendu, quand il voit son cheval, il n'a plus mal à la tête!
On peut être super super fiers de nous! Ça lui a fait un bien fou!
Est-ce que tu as encore des super super barres de céréales chez toi?
Oui, pourquoi?
Parce que cette nuit, on va retourner chercher Fanfaron!
Comme ça, Rudy guérira super super plus vite!

AU VOLEUR !

Waouh! Quelle vue, Juju! Là-bas, c'est notre école!
... Et là-bas, Aglagla, y'a notre boulangerie!
MIAM
TIR
PEUR
AUTOS TAMPONNEUSES

T'as vu, on voit à l'intérieur des appartements!
Génial! J'adore espionner les gens!

Ça alors, je vois la maîtresse! Je ne savais pas qu'elle habitait là...
Où ça? Je veux la voir aussi!

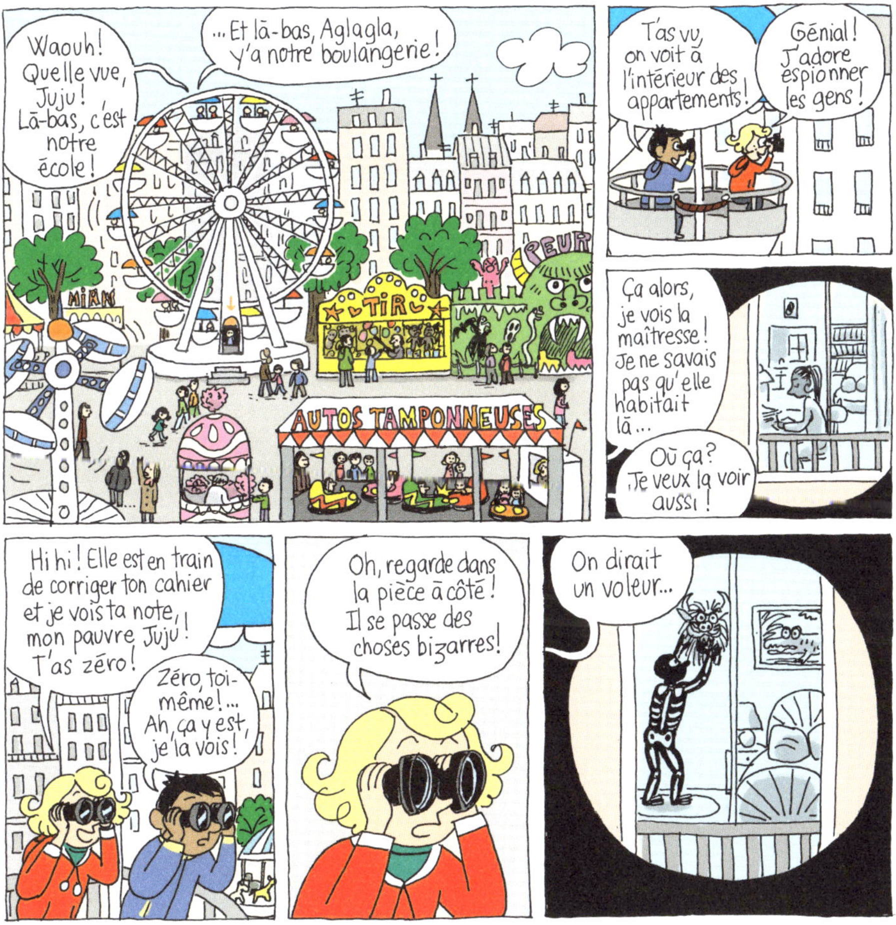

T'as déjà vu un voleur déguisé en squelette, toi?
En tout cas, personne ne peut le reconnaître avec sa cagoule!
Il prend le masque! C'est sûr que c'est un voleur!
T'as raison, Aglagla!
MADAME!!! MAAAÎÎTRESSE!!!
Y'A UN VOLEUR DANS VOTRE CHAMBRE!
Zut! Elle ne peut pas nous entendre, elle est trop loin.
Aglagla, regarde! En bas sur le trottoir!
Faut pas le perdre de vue!
Viiite!
Crotte molle! On l'a perdu!
Z'auriez pas croisé un squelette, par hasard?
Si, au cimetière tout près d'ici.
J'ai un squelette de poulet, dans ma poubelle, si vous voulez, hi hi!
Dans le train fantôme, y'a un squelette qui fait peur aux gens.
Le train fantôme, bien sûr!
Merciii!

PEUR EXPRESS

T'as vu, le masque est là ! Le squelette doit être à l'intérieur.
Chuuut ! Allons réfléchir tranquillement ailleurs !

Pfff, quelle histoire ! Il faut prévenir la maîtresse...
J'ai une idée ! Écoute...
Psss... Psss...

À cette nuit, mon Juju glouton !
Ouais, à chette nuich, Aclacla !

Aglaé et Juju toujours prêts à lutter contre les méchants voleurs !

PEUR EXPRESS

Oh, le masque n'est plus là !
Allons à l'intérieur !

Ahhhh !
N'aie pas peur, c'est du toc ! D'ailleurs, tout est faux ici !

Allume!
Oooh, j'ai le nez qui pique, ça m'énerve!
voiture intérieur
extérieur caisse

Aaah, on y voit un peu plus clair!
Super! Les voitures roulent toutes seules.
voiture - intérieur
CLAC!
CLAC!

Grouillons-nous! Faut trouver le masque!
En voiture!

Oh, oh! On dirait qu'un fantôme s'est déshabillé ici!
Oh, un boa constrictor! Même pas peur!

Plastoc!
De la gnognotte!

Le masque!
On saute!

Il est gonflé le squelette! Il vole le masque et s'en sert pour décorer son train fantôme!
Décrochons-le!

Allô? Ici, le gardien de la foire. Vous êtes bien la propriétaire du peur-express?... Je vous appelle car votre manège s'est mis en route tout seul!
... Ok, je vais voir et je vous rappelle...

On est foutus, il arrive!

Y'a rien ni personne, ici !

Allô, maaadaame ? Bon, j'ai vu des araignées, des serpents, une sorcière, un fantôme... Bref, rien d'anormal !

ATCHOUM
Oh ! Quelqu'un vient d'éternuer, j'y retourne !

Montons dans une voiture ! Faut qu'on sorte d'ici !

Le garde est dedans et nous dehors !
Bien... Aaatchoum... joué ! Oh, y'a plein de poussière dans ce manège !

Direction, chez la maîtresse !

C'est pas là !
Pas là non plus !

SOPHIA DANGANA
C'est ici !
Bon, on lui laisse le masque et on y va... Chuis fatigué !
Voilà ! Elle le trouvera ce matin, avant d'aller à l'école !
Mission accomplie, moi, je dis !
Au lit !

Ça fait trois semaines qu'on a rendu son masque à la maîtresse et on n'a jamais eu de nouvelles...
Eh oui, c'est ça, être un super super! faut savoir rester un héros anonyme!
Et si on allait faire un tour de train fantôme?
Oui, mais faut qu'on se dépêche! Dans une demi-heure, on doit être à l'école!
Tu vois ce que je vois?
Ça alors!
Ce qu'on est tartes! C'est pas un voleur, c'est son amoureux!
Ils se disent au revoir. Elle doit retourner à l'école et nous aussi!
Tu sais, je suis tombée amoureuse de mon voisin!
Génial! Comment il s'appelle?
Nassim.
Qu'est-ce qu'il fait dans la vie?
Des petits boulots! En ce moment, il est squelette au train fantôme!
Tu le connais depuis longtemps?
Trois semaines. Il avait prêté un masque à la patronne du train fantôme. Un matin, bizarrement, j'ai retrouvé ce masque...
...sur mon paillasson, au moment où justement il sortait de chez lui. Et là, son regard a croisé mon regard comme un rayon laser.
Alors ce Nassim, c'est son voisin!
Et quand on l'a vu décrocher le masque, il était dans son appartement à lui! Pas chez elle!
Ils vont peut-être se marier et avoir beaucoup de super super enfants!
Ouais et tout ça grâce à qui? Grâce à super super nous!

CHOUETTE SOURIS

Coupe Citron

Retrouve
les aventures des
SUPER
SUPER
dans le magazine
astrapi
2 fois par mois
astrapi
bayard
À table !
TOUT
ce qu'il faut savoir
pour bien manger
et garder la forme